CHATEAU DE LA VALLÉE

Commune de Villiers, près Vendôme

OBJETS D'ART

MOBILIERS

CURIOSITÉS DIVERSES

VENTE

Le Dimanche 21 Août, et jours suivants

1887

Vve RENOU et MAULDE

IMPRIMEURS DE LA COMPAGNIE DES COMMISSAIRES-PRISEURS

Rue de Rivoli, 144

CATALOGUE

OBJETS D'ART ANCIENS

ET

MOBILIERS

Garnissant le Château de la Vallée (Commune de Villiers)

PRÈS VENDOME

BELLES PORCELAINES ANCIENNES

DE LA CHINE ET DU JAPON

Dont un beau Service de 190 Pièces en porcelaine de l'Inde

MINIATURES, OBJETS DE VITRINE

TABLEAUX, GRAVURES, BRONZES D'ART ET D'AMEUBLEMENT
ARGENTERIE, PLAQUÉ, ÉTAINS

Tapisseries anciennes, Secrétaires, Commodes, Fauteuils, Chaises
Bergères, Meubles anciens et de style

PENDULES ANCIENNES, DONT UNE DE BOULLE

MEUBLES DE STYLE LOUIS XIV, LUSTRE ET OBJETS DIVERS

CHEVAUX, VOITURES et HARNAIS

De luxe et ordinaires

DONT LA VENTE AURA LIEU

AU CHATEAU DE LA VALLÉE

A VILLIERS, PRÈS VENDOME

Du Dimanche 21 Août au Jeudi 25 Août 1887

A UNE HEURE PRÉCISE

Mᵉ HIPPOLYTE HYVER	M. E. GANDOUIN
COMMISSᵉ-PRISEUR	EXPERT A PARIS
à VENDOME	rue des Saints-Pères, nᵒ 35

Et HOTEL GAILLANDRE, à Vendôme

CHEZ LESQUELS SE DISTRIBUE LE CATALOGUE

EXPOSITIONS PUBLIQUES

Les Samedi 20, Dimanche 21 et Lundi 22 Août 1887

DE UNE HEURE A CINQ HEURES

La Vente commencera à une heure, chaque jour

PARIS — 1887

CONDITIONS DE LA VENTE

Elle sera faite au comptant.

Les Acquéreurs paieront DIX POUR CENT en sus des adjudications, applicables aux frais.

Le Notaire chargé de la Vente, se réserve la faculté de réunir ou diviser les lots.

En cas de contestation sur une enchère, l'Objet sera remis immédiatement en Vente.

L'ordre numérique du Catalogue ne sera suivi à aucune des Vacations.

Aucun Objet ne sera retiré avant la Vente ou vendu à l'amiable.

NOTA

Le Château de LA VALLÉE est situé commune de Villiers, à 6 kilomètres de Vendôme.

Un Service d'omnibus est organisé pour chaque jour de Vente chez M. RAOUL, Place Saint-Martin. Le Départ aura lieu à midi et demi.

ORDRE DES VACATIONS

Le Dimanche 21 Août

Mobilier ordinaire, Literie, Matelas. Couvertures.
Tapis, Descentes de Lit.
Chevaux, Voitures et Harnais ordinaires et de luxe.

Le Lundi 22 Août

Mobilier ordinaire, Matelas. Couvertures, Tapis.

Le Mardi 23 Août

Les Objets de Vitrine. Argenterie ancienne. Plaqué.
Étains, Faïences anciennes, Tableaux et Gravures.

Le Mercredi 24 Août

Porcelaines anciennes de la Chine et du Japon, montées et non montées, Meubles d'art et de curiosité,
Tableaux et Gravures.

Le Jeudi 25 Août

Objets divers. Meubles et Objets non vendus dans les
vacations précédentes.

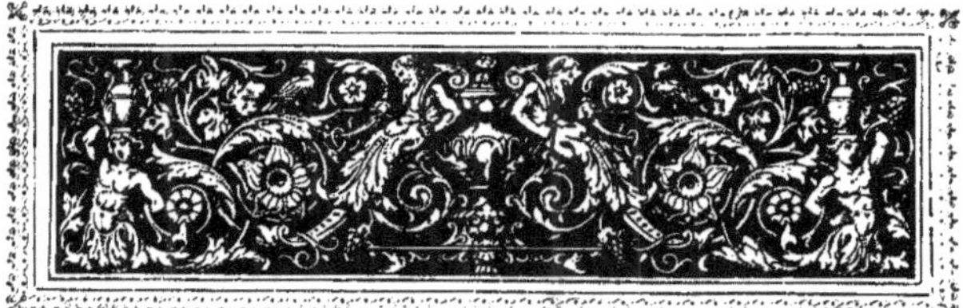

DESIGNATION

SALON

1 — **Chine**. Très belle Garniture de trois pièces :
Potiche et paire de Vases forme hexagonale,
décor polychrome, personnages époque de
Kien-Long ; montés en bronze doré par
Raingo.

2 — **Chine**. Paire de grands Vases, porcelaine cra-
quelée, monture en bronze doré par Raingo.

3 — **Chine**. Paire de Vases forme balustre, décor
polychrome chien de Fo, fleurs et papillons,
époque des Ming.
Très belle qualité.

4 — **Chine**. Deux grands Plats, décor polychrome
Fong-Hoang et fleurs.
Très belle qualité.

5 — **Chine**. Deux Bouteilles carrées, décor polychrome, paysage, fleurs, Ming.

6 — **Chine**. Très grand Vase, forme dite rouleau, décor rouge et or, monture bronze doré et •bouquets, époque de Kien-Long.

7 — **Chine**. Jardinière de même qualité et décor.

8 — **Chine**. Bol monté formant jardinière, décor polychrome à personnages.

9 — **Chine**. Petit Vase balustre, riche décor polychrome, époque de Kang-Hi.

10 — **Chine**. Cornet, décor polychrome, personnages époque de Kien-Long.

11 — **Chine**. Paire de Vases, décor polychrome, fabrique de Canton.

12 — **Chine**. Paire de petits Vases de même fabrique.

13 — **Japon**. Paire de grosses Bouteilles carrées, décor polychrome dit chrysanthemo-paeonienne.

14 — **Japon**. Bol, décor polychrome rehaussé d'or.

15 — **Delft**. Très beau Vase pot pourri à huit ouvertures formées de têtes de dragons, décor bleu, une ouverture réparée.
Très belle qualité.

16 — **Sèvres**. Paire de Vases, époque Empire, décorés polychrome et or, avec sujets représentant les Adieux, le Retour.

17 — **Rouen**. Grande Jardinière, décor bleu, paysage.

18 — Pendule en bois noir marqueté de cuivre, surmontée d'une figure d'Amour et ornée à la base de celle du Temps, en bronze doré, style Louis XIV, goût de Boulle.

19 — Deux beaux Meubles à hauteur d'appui, mêmes travail et style.

20 — Très beau Guéridon de mêmes travail et style.

21 — Lustre à dix lumières, style Louis XIII, en cuivre fondu, tourné et ciselé.

22 — Paire de grands Chenets en bronze ciselé et doré, style Louis XIV.

23 — Paire de Flambeaux en bronze doré, même **style.**

24 — Deux Consoles en bois sculpté et doré, style Louis XV.

25 — Paire d'Appliques à trois lumières en bronze ciselé et doré, style Louis XIV.

26 — **Coello (Sanchez).** Portrait de femme en très riche costume du xvie siècle.

27 — Glace de l'époque Louis XVI, cadre en bois sculpté et doré.

27 *bis* — Très joli Coffret-Écritoire en bois sculpté, par Bagard, de Nancy.

    Pièce d'une remarquable exécution.

BUREAU

28 — Beau Régulateur, très belle gaîne, forme balustre, en bois d'ébène, orné de bronzes ciselés et dorés, surmonté au sommet d'une figure du Temps, mouvement carré signé : *Farine* et *Racle*, à Paris. Epoque de la Régence. Hauteur 2^{m}25.

29 — Un grand Coffre du xvie siècle orné de sept panneaux sculptés chargés d'arabesques et de masques de roi et de reine.

30 — **Rouen.** Deux Plateaux à décors bleus, chargés au centre d'une double armoirie et surmontés d'un cimier époque Louis XIV.

31 — **Rouen**. Quatre Assiettes, décor bleu et rouille au centre, corbeille de fleurs.

32 — **Moustier**. Plats et Assiettes, décors polychrome et bleu dits de grotesques.

33 — Trente-deux Pièces en faïences diverses, Assiettes et Plats des fabriques de Nevers, Rouen, Sept-Fontaines et Picardie.

SALLE A MANGER

34 — Belle Pendule de Boulle en marqueterie de cuivre et d'écaille, ornée de bronze ciselé et doré, surmontée d'une figure représentant Hébé. Beau mouvement carré signé : *Margotin*, à Paris. Très belle conservation.

35 — **Chine**. Paire de Vases forme bonbonne, fond bleu foueté, décorés or, paysage de Fong-Hoang.

36 — **Wedgwood**. Service en terre noire à relief de personnages et d'arabesques.

37 — Très importante Suspension en bronze ciselé et doré, à quatre lampes et dix-huit bougies. Hauteur 1m 70. Fabrique Raingo.

38 — Glace époque Louis XVI, cadre en bois doré, à fronton renfermant un petit portrait au pastel.

39 — Une autre Glace de l'époque Louis XV, cadre en bois sculpté et doré.

40 — Plateau rond à glace, monté en bronze ciselé et doré, Coupe montée de même et onze Vases en cristal taillé époque du Premier Empire. Très belle qualité.

41 — Deux Pichets en étain époque Louis XV, deux Théières de cuivre repoussé époque Charles X, une Glacière laquée et dorée époque Empire. Seau en bronze de Pomponne.

42 — Très jolie Écuelle en étain, époque Louis XV, à oreillons découpés et gravés.

43 — Baromètre de l'époque Louis XVI, bois sculpté et doré.

44 — Samowar en cuivre jaune.

45 — **Japon**. Chocolatière, décor bleu.

46 — **Chine.** Chocolatière, décor polychrome, époque Kien-Long.

47 — **Argent**. Très jolie Chocolatière à facettes torsées, travail français, époque Louis XV.

48 — **Vermeil**. Vasque et Plateau ciselé, travail de l'époque Empire.

49 — **Plaqué**. Réchaud de l'époque Louis XIV, bien conservé.

50 — **Argent**. Cafetière de l'époque Louis XVIII, d'une très jolie forme.

51 — **Argent.** Trois Salières ovales, époque Louis XVI, argent repoussé, décor d'Amour et guirlandes.

52 — **Plaqué**. Porte-Burettes (Huilier), époque du Ier Empire, les récipients portés par des Amours.

53 — **Plaqué**. Deux Plateaux de surtout, de l'époque Louis XV.
    Plats en étain, de l'époque Louis XV.
    Aiguières et Pots à eau, en cuivre rouge.
    Plats ronds et ovales, en plaqué et en étain.
    Réchauds, Saucières, dessous de Plats, Sucriers, Seaux à glace et objets divers.

54 — **Inde**. Service de 190 pièces.
Décor polychrome, Fleurs et Guirlandes, époque Louis XV.
Soupières.
Compotiers.
Plats ovales.
Plats ronds.
Assiettes creuses.
Assiettes plates.

55 — Buffet à deux corps, époque Louis XV, la partie supérieure vitrée.

56 — Dressoir en acajou.

57 — Servante acajou, époque Louis XV.

58 — Lit en fer et bronze, époque du Directoire.

59 — Bureau acajou rectangulaire, époque Louis XVI.

60 — Servante acajou, époque Louis XVI.

61 — Trois Tables de nuit en noyer, même époque.

62 — Toilette époque Empire, acajou.

63 — Commode, époque Louis XV.

64 — Table à ouvrage acajou, à trois tiroirs, angles cannelés, époque Louis XV.

65 — Fauteuil, époque Louis XVI, bois peint blanc, dossier à médaillon.

66 — Fontaine à accrocher, avec sa Vasque cuivre rouge repoussé, époque Louis XV.

67 — **Wedgwood**. Service de Table en terre de pipe, à filets rouges. 90 Pièces.

68 — Meuble à deux corps, époque Louis XIII, noyer noirci, les portes supérieures armoriées, les inférieures décorées de profils de guerriers.

69 — Très jolie petite Commode, époque Louis XV, marqueterie de bois de violette et bois rose.

70 — Boîte carrée bois rose et bois marqueté, époque Louis XVI.

71 — Petit Bureau d'enfant, écritoire en vernis de Martin (décoré de Pastorales).

72 — Écran en tapisserie de Beauvais (Pastorale d'après Boucher).

73 — Bois d'Écran acajou, époque Empire, avec feuille en soie brodée.

74 — Reliquaire de l'époque Louis XIII, argent repoussé, travail français.

75 — Petit cadre ovale sculpté, époque Louis XIV.

76 — **Buis**. Statuette de Vierge avec l'enfant, travail époque Louis XIV.

77 — **Japon**. Potiche, décor bleu.

78 — Fauteuil, époque Louis XIV, recouvert en brocatelle de soie, même époque.

OBJETS DE VITRINE

79 — **Email lisse de Chine**. Deux Tasses et deux Plateaux, décor polychrome de personnages, montés en bronze par Raingo.

80 — **Saxe**. Petit Vase à couvercle carré à reliefs rocaille, décor de bouquets de fleurs, époque Louis XV.

81 — **Saxe**. Encrier ovale à reliefs, décor polychrome fleurs, époque Louis XV.

82. — Coupe en cristal taillé, époque Empire, montée de bronze doré.

83 — Cartel Porte-Montre en bois sculpté, supporté par un lion, époque Louis XV.

84 — **Capo-di-Monte**. Porte-Burettes (Huilier), décor polychrome, époque Louis XVI (fêlure).

85 — Plateau en étain gravé, époque Louis XV.

86 — Autre plus petit de l'époque Louis XIII, en étain, à reliefs.

87 — **Nevers ancien**. Petit Lion couché, décor polychrome.

88 — **Castelli ancien**, Petite Écuelle, décor polychrome Amour.

89 **Marseille**. Pichet décor polychrome fleurs, signé de la fleur de Lys, époque Louis XV.

90 — **Sèvres**. Pot à eau à couvercle, époque de Louis-Philippe, au chiffre du Roi.

91 — **Mennecy**. Statuette Jeune Amour, jouant de la guitare.

92 — **Mennecy**. Deux autre Enfants tenant des fleurs et tenant une flûte.

93 — **Mennecy**. Deux petits Vases décor polychrome fleurs.

94 — Chêne petite Potiche, décor polychrome personnages.

95 — **Milan**. Plateau et trois Pièces, décor polychrome fleurs, transformé en encrier.

96 — Bonbonnière, époque Louis XVI, Aventurine rayée or et miniature Paysage.

97 — Bonbonnière en écaille blonde piquée d'or, époque Louis XVI.

98 — Autre de même époque, écaille blonde piquée d'or.

99 — Boîte ovale en bois de racine de frêne ornée d'une miniature. Portrait d'une Jolie Femme, signé P. L. 1817.

100 — Boîte carrée en écaille blonde, piquée d'or, Paysages et Moulin, époque Louis XV, monture en cuivre doré.

101 — Boîte à Mouches à double compartiment, émail de Saxe, à reliefs d'or, époque Louis XV.

102 — **Saxe**. Bonbonnière Oiseau, décor polychrome, monture en or ciselé.

103 — Tabatière rectangulaire, plaques en agate du Mont-Cenis, époque Louis XVI.

104 — Boîte en agate orientale, époque Louis XVI, monture en cuivre doré.

105 — Plaques en bronze du xvi⁰ siècle, Baiser de Paix. représentant la Vierge et l'Enfant.

106 — **Ivoire**. Croix reliquaire sculpté, renfermant à l'intérieur des reliques.

107 — Etui en peau de chagrin renfermant un écran à bougie, époque Louis XVI.

108 — Flacon à odeur en pierre purpurine, époque Louis XII.

109 — Boîte en racine, époque Louis XVI.

110 — Reliquaire, époque Louis XIII, décoré d'une gouache Agneau Pascal.

111 — **Petitot**. Miniature sur ivoire représentant une Dame assise à laquelle l'Amour attache une guirlande de fleurs.

112 — **École italienne**. Médaillon représentant Jésus, cadre en bois sculpté, époque Louis XV.

113 — **École italienne**. Reliquaire en argent, époque Louis XIII, travail italien.

114 — **École italienne**. Autre de même époque, cadre en cuivre doré.

115 — **Klingstedt**. Portrait présumé de Marie-Thérèse, miniature sur vélin.

116 — Cadre de reliquaire en argent doré, époque Louis XIV.

117 — **Montpetit**. — Portrait d'Homme sur émail.

118 — Couteau de l'époque Louis XVI, nacre et or, lame en argent doré.

119 — Autre Couteau de mêmes époque et travail, lame en acier.

120 — Etui en ivoire, époque Louis XVI, contenant un Tire-Bouchons et un crayon en argent.

121 — Etui à Aiguilles, époque Louis XVI, écaille brune montée or.

122 — **Ivoire**. Christ couché, travail de l'époque Gothique.

123 — **Brandt**. Paysage (Dessus de boîte).

124 — **Ambre**. Chapelet de l'époque Louis XIII.

125 — Médaillon en cristal taillé, époque Empire.

126 — Reliquaire contenant divers objets provenant du bienheureux curé d'Ars.

127 — Nécessaire à ouvrage de dame, les pièces garnies en or gravé.

ÉVENTAILS

128 — Éventail de l'époque Louis XVI, feuille de vélin peinte à la gouache, représentant Moïse frappant le rocher, monture en ivoire sculpté et peint.

129 — Autre Éventail de même époque, feuille de soie brodée au paillon et monture en ivoire sculpté et doré.

130 — Autre Éventail de même époque, feuille en soie, décorée à la gouache (Pastorale), monture en ivoire découpé, dorée.

131 — Éventail, feuille en papier, décorée de Chinois, monture en ivoire découpé, peint et doré.

132 — Autre Éventail de même époque, feuille en soie brodée, monture en ivoire découpé.

133 — Autre Éventail de l'époque Louis XV, décoré au vernis de Martin (Pastorale), dans le goût de Lancret.

134 — Autre Éventail de l'époque Louis XVI, feuille peinte à la gouache (Scènes villageoises).

135 — Éventail curieux de l'époque Louis XV, feuille peinte à la gouache par un artiste chinois, représentant des Scènes européennes et chinoises, monture en nacre découpée et dorée.

— Divers Éventails et Feuilles d'éventails des époques Louis XV et Louis XVI.

OBJETS DIVERS

136 — Bas-Relief en ivoire sculpté (la Nativité), cadre en bois sculpté, doré, époque Louis XIV.

137 — Autre Bas-Relief de même époque, représentant l'Éducation de la Vierge.

138 — **Marbre.** Petit Buste (Tête de femme).

139 — Bas-Relief en cuivre repoussé, l'Éducation de la Vierge, époque Louis XIV.

140 — Haut de Meuble de l'époque Louis XIII, en noyer noirci.

141 — Commode de l'époque Louis XV, noyer sculpté orné de bronzes.

142 — Table de nuit, époque Louis XV.

143 — Pendule de l'époque Louis XVI, marbre et bronze doré.

144 — Trois Fauteuils de l'époque Louis XVI, à médaillon, recouverts en étoffe moderne.

145 — Petit Fauteuil à dossier carré, époque Louis XVI, recouvert en soie brodée.

146 — Coffret en vieux laque français, décor de goût chinois, et quatre boites rondes de même travail, époque Louis XV.

147 — Secrétaire de l'époque Louis XVI, bois de rose et bois d'amarante.

148 — Table de nuit ovale, acajou, époque Louis XVI.

149 — Glace de l'époque Louis XV, cadre en bois laqué.

150 — Pendule à accrocher avec son socle en bois rose, ornée de bronzes ciselés, époque Louis XV.

151 — Baromètre de l'époque Louis XVI, bois sculpté, doré.

152 — Prie-Dieu époque Louis XIII, bois sculpté.

153 — Petit Bureau à cylindre, acajou moucheté, époque Louis XVI.

154 — Bergère, de l'époque Louis XV.

155 — Quatre beaux Fauteuils, époque Empire, acajou sculpté, bras supportés par des sphinx ailés.

156 — Petite Étagère à accrocher, en bois peint, ornée de fleurs, époque Louis XV.

157 — **Janinet**. Deux Gravures en couleur, d'après Charlier (Vénus).

158 — Grand Meuble à quatre portes et à fronton, époque Louis XIII, noyer sculpté et noirci.

159 — Joli secrétaire de l'époque Louis XVI, bois rose.

160 — Table à ouvrage, à trois tiroirs, époque Louis XVI.

161 — Commode de l'époque Louis XV, ornée de bronzes, noyer sculpté.

162 — Harpe de l'époque du Ier Empire, par Volters, (Porte Saint-Denis, Paris).

163 — Fauteuil bergère, Louis XV.

164 — Trois Tapisseries à personnages, des Manufactures d'Aubusson, époque Louis XIV.

165 — Différents morceaux de Tapisserie, du xvie siècle.

166 — Divers morceaux de Bordures.

167 — Sous ce numéro seront vendus environ :

    50 Gravures encadrées, 40 Tableaux anciens et modernes, et tous les Objets non décrits contenus dans le Château.

Vve Renou et Maulde, imprimeurs de la Compagnie des Commissaires-Priseurs, rue de Rivoli, 141.   500—80735